겨울
십자가

장욱 시집

겨울 십자가

한강

시인의 말

❀

  시집을 내는 것이 오래된 숙제를 풀어내는 것과 같을 때가 있다.
  지금이 그렇다. 이 시집은 『사랑엔 피해자뿐 가해자는 없다』(1996) 이후 『조선상사화』(2020) 사이의 시들을 창작 역순으로 추려 엮는다. 아주 오래된 녀석들을 골방에서 꺼내어 먼지도 털어 주고 볕도 쬐어 가며 다독인다.
  다시 한 번 읽어 보았다. 내 생의 가운데 토막 같은 시절을 관통하고 있다. 그만큼 사랑도 아픔도 사색의 몸부림도 신앙의 어설픔도 깊숙이 점철되어 있다.
  이제 내 삶의 한 귀퉁이를 지나가는 나무다리 위에서 삐걱거리는 소리가 들린다.

인생과 시업과 삶의 자세를 세워 주시려고 높은 눈빛 주신 고하 스승님, 오세영 교수님 오래도록 건강하시기를 기원합니다.

　두방 정원에서 몇 자 적어 봅니다. 감사합니다.

2020년 가을
저자 장 욱

장 욱 시집   겨울 십자가
                                              차 례

□ 시인의 말

제1부 까마귀갈매나무 황금잎사귀

개미 글씨 ——— 13
흰 커피잔의 정물 ——— 14
인동꽃 ——— 16
물주전자 속의 고독 ——— 17
어치의 하루 ——— 18
흰 나비 펄럭펄럭 ——— 19
까마귀갈매나무 황금잎사귀 ——— 20
말벌집 ——— 22
미루나무 하늘 오름 ——— 24
석류꽃 붉음 지나 모감주나무 꽃지팡이 ——— 25
비늘 ——— 26
빛의 감옥 ——— 28
어데를 가다가 ——— 29
억새꽃 ——— 30
겨울 폭포 ——— 31

제2부 그 겨울의 찬송 소리

그 겨울의 찬송 소리 ——— 35
가시덩굴 한 떨기 ——— 37
황금 징소리 ——— 39

겨울 십자가 장 욱 시집

42 ──── 허블레아니호여
43 ──── 로마의 종
45 ──── 시내산의 달
47 ──── 대림절을 보내며
49 ──── 성탄의 눈물

제3부 두방리 까치집

53 ──── 두방리 까치집
54 ──── 빈 집
56 ──── 흰 나그네
57 ──── 검은 수채화
58 ──── 모감주나무꽃, 칠월七月
60 ──── 이슬방울
61 ──── 새들에게 사과문
62 ──── 호박꽃 사랑·1
63 ──── 호박꽃 사랑·2
64 ──── 가을 벤치에 앉고 싶다
65 ──── 아침 숲 붉은 이미지
66 ──── 나무대문 앞 무궁화꽃
67 ──── 해바라기 꽃은 절망이다
69 ──── 제주 돌담
71 ──── 비자림 천년 숲에 들어
72 ──── 산굼부리 억새밭에 와서
74 ──── 나는 나의 껍데기라고

장 욱 시집 **겨울 십자가**

차 례

하늘벽 —— 76
옷은 내가 입어야 날개가 된다 —— 78

제4부 겨울 십자가

불꽃 —— 81
얼음 폭포 —— 82
하늘 장미 —— 84
가시무덤꽃 —— 86
붉은 촛불 —— 88
탈속 —— 90
오동꽃 오동 보라 —— 91
등꽃 보라 편지 —— 92
화장 —— 93
바늘귀 —— 94
이방인 —— 95
목이 긴 귀가 큰 눈이 깊은 —— 97
고드름 —— 99
겨울 십자가 ——101
당신의 꽃대궐 ——103

제5부 연통 난롯불

먼지 ——107
바늘 ——109

겨울 십자가 장 욱 시집

110 — 가시의 눈
112 — 화암사 빗방울
114 — 유배
116 — 겨울 오두막
118 — 이감移監
119 — 교동 눈보라
121 — 연통 난롯불
122 — 흑장미
123 — 소금
124 — 흰 접시꽃
125 — 번제
126 — 목숨 하나
127 — 어딘들 눕지 못하랴
128 — 침을 뱉어라
130 — 죄의 삯
132 — 불빛에 누워

제6부 우울한 가을빛 향기

135 — 우울한 가을빛 향기·1
136 — 우울한 가을빛 향기·2
137 — 우울한 가을빛 향기·3
139 — 우울한 가을빛 향기·4
141 — 우울한 가을빛 향기·5
143 — 우울한 가을빛 향기·6

장 욱 시집　　　　　　　　겨울 십자가

차 례

제7부 무사태평한 봄날

황포 돛배 —— 147
횡단보도 —— 148
못 —— 149
인후동 불빛 —— 150
어머니의 능선 —— 151
헌 의자 —— 153
물자새 —— 154
무사태평한 봄날 —— 156
나락을 세운다 —— 157
백미 —— 159
게 껍데기 —— 161
가을, 장미꽃 피다 —— 162
모든 마음들은 평안하고 흐뭇할까 —— 164
삽살개 두리의 산고産苦 앞에서 —— 166

까마귀갈매나무 황금잎사귀 　제1부

개미 글씨

줄줄이 띠를 잇어 먼 길 가는 순례자

작고 느린 걸음이 잠깐씩 끊어질 때마다

사랑아 끝까지 함께 가자

땅바닥에 검은 글씨를 쓴다

흰 커피잔의 정물

회색빛 엷음으로
쇠락해 가는 나무 탁자
맑은 허무 위에
빈 커피잔 하나

누구의 가슴을 뜨겁게 채워 주고
저는 홀로 쓸쓸한가

나이 든 고양이
긴 졸음 옆으로
햇빛도 비켜 가는
빈자의 가벼움

쓴 향기 여백에 잠겨
스스로 무겁다

마음에서부터
발 하나 떼일 수 없는
정물, 고요함

오직 청결한 빛

뜨거움 한 잔 비움으로
발끝 들어 서라

시나위 대숲 바람 초록 피리 불어라
여윈 팔 고운 어깨 흰 꽃 능선 긋어라

너 빈 몸 홑춤 하늘에 서라
세상을 버려라

인동꽃

바람 위에 섰다 흰 옷자락 흩뿌려
자꾸 나를 버린다 버림과 버림 사이

한 켜의 숨소리까지 놓아 버릴까

생은 가늘고 긴 마디로 엮이어
어느 가지 끝에 나부끼는 한 줄기 사랑

뜨거운 손짓 하나면 타올라 하늘길 가리

눈보라 속에서도 푸른 마음 내딛어
세내길 지나왔다 봄 햇빛 푸른 쉼 위에

예언의 향기 한 잎 쪼아 흰 꽃 피웠다

물주전자 속의 고독

속 끓이는 자만이 솟아 오를 수 있다

참고 참는 고통으로 부글부글 끓어올라

뚜껑을 밀어제치고 큰 숨통을 터트린다

발 디딤도 없이 오직 하늘을 향하여

통성으로 몸부림치며 애통하는 무리

솔방울 난로 양은 주전자 속 깊은 고독을 벗어난다

어치의 하루

어치의 하루는 흔들림 위에 있다

회색 빛깔 고운 분홍 깃털을 섞어 치며
또다시 살폿 내려앉는 빈 나뭇가지

작은 출렁임 사이 침묵으로 번진 흐름

너의 흔들림은 흔들림으로 서서
흔들림 속에 스며든 묵상의 깊이

봄꽃들 다 지고 허허로운 마당

향기와 향기를 넘어 슬픈 눈빛
긴 꼬리 갸웃거림으로 하루를 버티어

바람도 비켜 선 영혼의 처마 끝

너의 무게는 깍 깍 울음 울어 육탈하고
떨림도 발끝에 모아 포롱 날아오르는 환희

흰 나비 펄럭펄럭

흰 나비 펄럭펄럭 지나가고 나서

아무도 오지 않는다 초록 침묵 위엔

구름도 발자국 소리 한 겹 밟지 않는

맑은 고요, 흰 길
분별 없는 날갯짓
이승도 한 컨 저승도 한 컨
찬송가 끝 구절이 접시꽃 분홍에 담긴다

며칠 후 만나세 며칠 후 만나세
엷은 춤사위 저만치 하늘 빈 뜰
한 걸음 꽃잎이 꽃잎을 따라가는 무한 서정

까마귀갈매나무[1] 황금잎사귀

내가 바칠 것은
순바탕 잎사귀 한 잎
초록의 무념 위에
황금빛으로 인치소서[2]

내 안에 썩어지지 않을
당신의 뜻을 새기소서

등경 위의 빛을 던져
번쩍 새긴 아침 계시록
천사의 손에 펴 놓인
흰 두루마리 말씀

홀연히 하늘로부터
급하고 강한 바람 같은 소리

마치 불의 혀처럼
갈라진 것들이[3]
봄 까마귀갈매나무

어린 잎사귀 창가

예언의 핏빛을 쪼아
이 땅을 적시는가

말하지 않아도 듣게 하소서
듣지 않아도 말하게 하소서

눈감아 서 있어도 하늘 뜻에 이르게 하소서

---

1) 낙엽 활엽 수종으로 봄이 되어 잎이 틀 때 잎에 변이가 생겨 노란 무늬가 들어가는 까마귀갈매나무이다
2) 도장을 찍다
3) 사도행전 2:2~4절 홀연히 하늘로부터 급하고 강한 바람 같은 소리가 있어 그들이 앉은 집에 가득하며 마치 불의 혀처럼 갈라지는 것들이 그들에게 보여 각 사람 위에 하나씩 임하여 있더니 그들이 다 성령의 충만함을 받고 성령이 말하게 하심을 따라 다른 언어들로 말하기를 시작하니라

말벌집

모악 흰 구름 떼 아래
구이 호수 큰 벌집 하나 둥둥

수면 위에 떠 있는 듯
허공에 가는 팔 매달린 듯

바람에 흔들리면서 흔들리지 않는

산 위에 지은 배
아름다운 방주였구나

언약으로 세웠으니
모든 세상의 중심

그 안에 작은 칸들을 막고[1]
뭇 생명들 가득함이라

살아남아야 할
이 세대여

의로운 눈 속에 홀로 서라

정결한 짐승 일곱 쌍
부정한 암수 두 쌍씩

정결도 부정도 함께 한 배를 탔구나

흔들려도 같이 흔들리고
출렁여도 같이 출렁이며

호수를 한 바퀴
세상을 한 바퀴

하룻길 물 위에 뜬 친구들아
낯빛도 맑은 봄 푸름 속에

---

1) 너는 고페르나무로 너를 위하여 방주를 만들되 그 안에 칸들을 막고(출애굽기 6장 14절)

미루나무 하늘 오름

너는 회오리바람 혼돈의 푸른 갈기

지상의 선한 영을 한 줄기 틀어 묶어
불타는 소용돌이로 하늘을 치솟는구나

흔들림의 자유 바람 끝에서 사유한다

나에게 이른 수만 송이의 속삭임
끝없는 침묵으로 지어 붓어 홀로 섰어야!

창공에 떠도는 뭇 별들도 스며들어라

마음의 우주 무아의 춤으로
궁창을 **빠**져나가는 봄 미루나무 하늘 오름

석류꽃 붉음 지나
모감주나무 꽃지팡이

뜰 안 석류나무 먼 세상 가지 끝
붉은 꽃 하나 곱네 너 나에게 오든
나 가든, 유월 태양 뜨겁게 마주 섰을지라도
빛나는 평화는 잎들의 해맑은 웃음 뒤
가시떨기 위에 솟아오른 붉음
피맺힌 마음 앓이에 헌신한 답신 몇 줄

신께서는 너에게 빗방울 속까지 씻어
무지개를 내려놓고 꽃지팡이를 주셨으니
땅 위에 거하라 환하게 세상을 인도하라
칠월의 길가 태양 앞에 노란 떼꽃을 피우고
나무대문 밖 황금종을 달았으니
뎅그렁 뎅그렁 내딛어라 묵상의 모서리 턱을 넘어

비늘

뜰에 서면 나를 둘러 비추는 빛이 있어

눈에 비늘이 덮는다 갑자기 보이지 않는

세상을 향하여 크게 외친다 하늘에 닿도록

눈부심 속에서 마음이 먼저 눈을 뜬다

사도행전 붉은 책장을 넘기면서[1)]

더 깊은 영안을 닦아 꽃비늘이 떨어진다

너를 보기 위하여 눈을 뜨고 눈을 감지만

---

1) 사도행전 9장 사울이 길을 가다가 다메섹에 가까이 이르더니 홀연히 하늘로부터 빛이 그를 둘러 비추는지라(3절) 사울이 땅에서 일어나 눈은 떴으나 아무것도 보지 못하고 사람의 손에 끌려 다메섹으로 들어가서 사흘 동안 보지 못하고 먹지도 마시지도 아니하니라(8~9절) 즉시 사울의 눈에서 비늘 같은 것이 벗겨져 다시 보게 된지라(18절) 눈을 뜬다

내가 보인다 꽃들의 집 고난의 창밖

빛이신 빛의 비늘을 벗겨 빛의 눈을 뜬다

빛의 감옥

가을 뜰에 섰다 애기 사과 한 그루

빛 속에 갇혀 빛의 빛을 낳는다

세상과 부딪히면서 경계를 뚫는다

오직 투명함으로 참나무 그늘에 이르러

눈을 감아도 두려움은 없다

나 안에 빛이 있으니 나 또한 빛이라

누릇누릇 무르익은 똘모과 향기에 가서

뜨거운 만남 무한한 속삭임

사랑은 사랑 안에 빛과 향기 영원한 믿음뿐이다

어데를 가다가

하루 종일 개들은 짖고 햇빛은 청량하고
뒷산 큰 감나무는 어데를 가다가

연황토 묽은 빛깔로 선감[1]을 익히는가

무수한 잎사귀들 검푸른 그늘에 싸여
나 어느 골짜기 바위틈에 박혀 섰는지

까마귀 깍 깍 높은 울음 소리 한 컷도 잊었구나

가을은 빛 되신 하늘 씻고 씻음으로
나의 갈 길을 밝혀 맑아진 하늘 눈 깜박임

붉은 별 점 점 점 등불을 걸어 놓았구나

---

1) 아직 덜 익은 감

억새꽃

흔들리지 않으면
너의 외로움에 다가설 수 있을까

나부끼지 않으면
잊혀진 이름을 불러낼 수 있을까

마른 대 빈 마음 부러지지 않으면
가을 달밤 휘파람 소리 한 곡조 꺾을 수 있을까

상한 하루를 위하여 기도한 적 있는가

겉사람은 낡아지나 속사람은 새로워지나니[1]
새 언덕 새파랗게 돋아나 하늘 뜻을 세우리라

검은 혼돈 속에 흩어져 떠도는 자들아

생명의 시작은 너 고요 안에 싹틈이니
햇빛은 더 깊고 더 맑고 더 푸른 눈을 떠라

---

[1] 고린도 후서 4장 16절 우리가 낙심하지 아니하노니 우리의 겉사람은 낡아지나 우리의 속사람은 날로 새로워지도다

겨울 폭포

  절벽 끝에 서지 않으면 홀로 된 이의 푸른 절창을 들을 수 없다

  바람 위에 서지 않으면 하늘춤을 높이 출 수 없다

  눈 감고 자기에게 뛰어들지 않으면 세상을 버릴 수 없다

  눈발 속에 흰 몸 부서지지 않으면 생의 무게를 덜어낼 수 없다

  심중에 꽃 한 송이 피우지 않으면 새벽 하늘을 위하여 탄일종을 칠 수 없다

  이별을 눈치채지 못하면 목숨 건 사랑을 할 수가 없다

  얼음장을 뚫어내지 않으면 뜨거운 봄가슴에 이를 수 없다

흰 손목을 놓지 않으면 너를 살아서 다시 만날 수 없다

흙발을 벗고 깨끗이 씻는 것은 니 눈빛이 맑아지고 있기 때문이다

그 겨울의 찬송 소리

제2부

그 겨울의 찬송 소리

마전들 북풍 앞에서 구룡리교회[1] 성도들은
성령의 불기둥을 붙잡고 참으로 따뜻했네
철난로 벌겋게 달아오르는 철야의 깊은 밤

선교사[2]도 가고 몇 송이 처녀들 들꽃처럼 남아
지아비 섬기는 갖은 핍박 속에서도
신앙을 지키고 교회를 일으키기 위하여

참고 살 수밖에 없는 지어미들의 가슴애피[3]
장작 난로 물주전자 속을 부글부글 끓어올라
뚜껑을 밀어제치고 큰 숨통을 티트러
발 하나 디딤도 없이 오직 하늘을 향하여
흰 무리 뽀얗게 애통하며 소리치는 통성 기도[4]
맑은 불꽃 속에서 눈물도 다 태워 버리고

---

1) 효자동교회의 옛 이름
2) 1923년 기전여학교 골튼 선교사가 구룡리 언덕에 기도처를 세우고 처녀 몇을 모아 예배 드리기 시작함 선교사도 처녀이고 교인들도 처녀들이라 처녀 교회라 불리기도 함
3) 가슴앓이의 방언
4) 필자의 시 〈물주전자 속의 고독〉을 변주하여 일부 인용함

성령이 오셨네 성령이 오셨네
뜨겁게 손뼉 치며 솟구치던 그 겨울의 찬송 소리

가시덩굴 한 떨기
―백목사님 설교를 들으며

무엇이 그렇게 얽히고설킨 사연이랴
다만, 초록의 가없는 덕목으로
새하얀 꽃을 피웠다가 시름시름 지고 말더니

삶의 태반은 육탈하고 눈물 한 방울도 없이
앙상하게 남은 가시, 너를 안으면
한 세상 아프게 찔리는 사랑 한 다발

절망의 뼛속까지 불붙이기 위하여
말라비틀어져 툭, 툭 부러지는 목숨들이지만
누군들 누구의 헛된 불길에 마구 던질 수 있으랴

어느 길목 어느 구절 영롱한 말씀을
찢어 불태운 가난한 심령이기에
저토록 맑고 고운 보랏빛 하늘을 열 수 있나요

우리 못다 한 사랑 꽃짐 진 영혼들아!
눈길을 밟아 발자국도 없이
이승의 강을 건너갔다 건너오는 그리움인데

부활하지 않으면 믿음은 헛된 것
예수님을 따라 통나무 십자가를 짊어지고
피맺힌 가시밭길에 찢기며 다가서는 찔레꽃 향기여!

황금 징소리

징수[1]야 징을 쳐라 아침 들판을 열어라
먼 들 아득히 송아지들의 핑경 소리로
가을은 벼이삭들의 찬 이슬을 털게 하라

어느 산맥을 넘어오는 걸음이었을까
아리랑 아리랑 그 영혼의 깊이까지
하늘은 흰 백성들의 눈물 속에 넘실거립니다

주여, 당신의 하루가 값없이 주신 햇볕과 우로
고라실 논 터지게 부어 주셨사오니
비로소 추수 때에 이르러 볏가리들은 옹골찹니다

피고 지고 피고 지고 세 번 붉게 피어야
햅쌀밥 먹는다니 배롱꽃 디어지게 피라고
이 동네 저 논두렁 째쟁째쟁 농악을 쳐대었네요

지어미와 지아비를 들판 바람 속에 세우소서

---

1) 징을 치는 사람

눈을 감고 땀 냄새 속으로 하늘과 땅의 소리를 듣게 하소서
눈 맑게 영글어 고개 숙인 이삭들끼리는 서로 기대어 흔들리게 하소서

이제는 당신의 시간이 되었습니다
홀태로 낟알들을 훑는 타작마당을 위하여
호락질 고독한 눈빛은 거두어 이웃 품앗이를 챙기소서

햇빛들도 다 나와 열두 발 흰 띠를 휘둘러라
꽃상모를 돌려 연풍대로 뛰어올라
감사와 감사의 울림이 저 들판 끝까지 출렁이게 하라

끝수[2]야 정결한 손 징채를 높이 들어라
하늘도 감동하여 푸르러지도록 징을 쳐라

---

2) 징수들의 경력 순서에 따라 가장 나중 된 사람

이 땅의 맥박 소리 등짐꾼들 숨소리 넘어

농촌 작은 교회 복된 추수 감사절
노인 장로의 기도 소리까지
쩌러렁 쩌러렁 황금 징소리 울고 울어라

허블레아니호여

허블레아니호 침몰한 목선 한 척이
물 위로 떠올랐다 허공 중에 매달려
헝가리 다뉴브강 침묵 위에 둥 둥 맴돈다

수억만 리 타국 해 지는 땅 부다페스트
선창의 주검들을 긍휼히 여기소서
아직도 소식 없는 빗속 나그네들을 부르소서

검은 숲 삼림 지대 작은 샘에서 발원하여
알프스 물굽이로 흐르는 도나우강
백의의 슬픔을 흑해까지 흘러가지 않게 하소서

막힌 바다 썩음으로 장사할 수 없으니이다
하늘로서 내려온 선하신 생명줄
천사의 이끌림으로 하늘 나그네 되게 하소서

로마의 종

아내의 손을 잡고
콜로세움을 한 바퀴 돌아
우산 소나무 그늘 아래 앉았을 때다
불현듯 종소리가 들린다 멍허니 얻어맞았다

저 종소리는 하고
아내도 흠칫 나를 본다
사원 쪽에서
낯설지 않은 몇 마디
또다시 뎅그러니 홀로
먼 기억 속의 탄일종…

하늘 끝 역사의 눈물을 다시 올려 본다
유대 노예들 끌려와 갈기갈기 채찍 맞으며
고향도 묻고 피도 묻고 살도 묻고 뼈로 세워진

아레나 경기장 로마의 발광 속에
맹수와 싸우며 검투사 노예들은
장렬히 모랫바닥에 피 흘려 쓰러져 갔으니

쓰러져라 쓰러져라 너도 쓰러져라
깊은 땅울림으로 무너져 폐허가 되고
뼛속에 묻힌 돌들은 빼어다 큰 성전을 지었노라

그렇게 울었구나 조선의 암흑 속에
빛으로 찾아와 전하여 준 복음의 종들이
오늘은 로마까지 따라와 다시 가슴을 치는구나

시내산의 달

낙타의 굽은 등에서 길은 시작되었다
어둠은 어둠에게 길을 묻지 않는다
묵묵히 자신의 보폭으로 발걸음을 내놓을 뿐

사막의 외봉 낙타 두려운 흔들림 위에서
시내산 검은 오름은 오름으로 이어지고
한 굽이 돌아들었을 때 별들이 파랗게 놀랜다

그 세상 짐을 안고 여기까지 올라왔소
낙타 몰이꾼에게 던져 준 몇 닢이라도
쟁그렁 그 소리의 깊이까지 나의 무게를 덜었을까

이 산에 이르러서야 산상수훈이 들린다
둠벙둠벙 낙타의 방울 소리 속에
한 생의 깨달음이 검은 능선을 넘긴다

얼마나 더 가야 합니까
낙타의 큰 눈망울 속에
소리가 들어 잠시 그렁인다

너 안에 빛을 주신 이의 음성을 들으라

시내산 마루 달빛이 크게 부서지며
빛은 부딪힘으로 빛의 눈을 뜬다
저만큼 사람들이 얼핏 밝음 속에 번져 맑아지고

달도 굽은 달 혹등을 진 늙은이
모세의 지팡이가 쿵 쿵 땅을 울리며
한 무리 성도들을 인도하는 흰 빛 먼 길

대림절을 보내며

겸허한 무릎으로 가슴 깊이 눈을 감고
두 손을 모으면 내 안에 빛이 가득하여
그 빛이 빛으로 오실 이를 이미 영접함이라

이 땅의 햇빛들이 고개를 숙이고
흑암 중에 세상 죄를 지고 가는 어린 양을 위하여
속죄의 촛불을 밝혀 오시는 길을 닦으리이다

모든 이들이 평생 잇어 가는 순례자의 먼 길
헐벗고 쓸쓸한 나그네 된 자의 피곤 위에도
첫눈은 아름답고 포근한 하늘길을 인도하게 하소서

스쳐 지나가는 바람결에도 잠시
긍휼히 여김의 눈빛이 나부낄까요
새들의 빈 둥지 쓸쓸하고 맑은 지저귐을 위하여

촛불들아 너를 낮춰 세상을 먼저 비추어라
주님의 발 아래 끌려오는 흰 옷자락은
지상의 높고 낮은 턱을 쓸어 평탄케 하시리라

몰약도 황금도 유향도 딱히 없사오나
어린아이들의 맑은 찬양을 높혀 드리지요
구유에 나신 밤하늘로부터 아기 꽃전구를 내려 걸겠습니다

밝았도다 평강이여 붉은 태양의 눈물도
다시 씻어 빛 가운데 빛이 되어 눈 떠라
하늘은 양떼구름을 몰아 천국 나팔을 불어라

성탄의 눈물

지상엔 높은 십자가 우뚝우뚝 솟아
사랑이라는 가슴 상처투성이마다
붉은 피 뜨겁게 흘림으로 이 땅을 적시는가

불빛은 나의 뜰 어둠이 깊을수록
당신 영혼의 눈 깜박임 사이로
소멸과 생성의 수레바퀴가 멀리 돈다

떠도는 자들의 흰 눈발은 곱게만 쌓이는데
어둠은 어둠 속에서 아픔을 반짝인다
찬송가 높고 깊은 울림은 가슴 가슴 눈물 흘리더니

봄부터 여름 지나 생명의 시편들이
여러 겹 백일홍 꽃잎을 세우고
과꽃도 작은 걸음마다 붉혀 놓았던 것이구나

두방리 까치집 — 제3부

두방리 까치집

흔들리자 아찔하게 바람 속에서
내 존재의 무게도 없이
고운 목소리 어느 그리움에 목을 매어
깍, 깍 짖어 보자

달빛에 피곤한 삶은 잠재우고
바람 앞에 깃을 벌려
내 몸 하나 내놓고 말갛게 씻어 보자
마음이 무거워 떨구는 낙엽
지상에 뒹구는 붉고 고운 색깔은 버려라

한 해 겨울 흔들리면 어쩌랴
내 안에 초롱 하나 걸어 두고
간절히 깜박이는 기다림이면 어쩌랴
뜻을 높이 세워 깍, 깍 짖어라

 첫눈 내리면 첫눈에 기대일 몸 하나 마음 하나로 묶어서

빈 집

두방리
아름다운 숲 그늘에
작은 통나무집 한 채를 놓았다

내 일상 사이로
찍찍거리며 연애질하는
숲속 다람쥐들이나 한 번씩 기웃거렸을까

고목 된 느티나무 잎새들
묵은 이야기로 깊게 단풍 들어 가며
창문 밖에 가슴 쓰렸을까

오늘은 문학 공부하는 큰 애도 내려와
가을 햇빛들 마냥 친해졌을 텐데

올봄 돌아가신
우리 아버지 '좋다' '좋다' 하시는
그 쉰 목소리 한 번 들어 봤으면
가랑잎 스치듯

삼베옷 버선발 소리라도 한 번 들어 봤으면

항상 텡 빈 집

흰 나그네

억새꽃 흰 빛으로 나부끼는 것을 어찌하랴

하냥 머리 들어 하늘에 닿는구나

코스모스의 계절은 꺾이고
풍년대 마른 기억들이 부러지고 나서
하나의 씨앗으로 소망은 묻힌다

봄비 속에 연애 걸었던 흙지렁이들도 살빛 엉켜 고왔지만

지나간 세월 꽃그림자 속에
심장 소리 짚어 보는
우리 어린 마음들이 꿈틀대지 아니하랴

경각산 마루 넓은 보름달도 한 닢 뚝 지는 가을밤

맑은 갓 흰 옷 펄럭임으로 서릿바람 우에 선 나그네들아

검은 수채화

나의 태양은 겨울 숲을 떠났다

유리창 가득
괴괴히 번지는 음모
느티 괴목
검은 뼈들의 묵언 속에서
어두운 하늘을 향하여
서까래를 올리는 자

당신은 누구의 하늘집을 짓는 대목이드냐

죽은 먹감나무
멍든 가슴을 쪼개어
차갑게 매달린
하현달 들창문
창호지 문살 틈으로
새어 나오는 빛은

들 건너 새벽 종소리 붉게 녹슨 그리움이든가

모감주나무꽃, 칠월七月

푸른 꽃봉지를 흔들어 본다

결별의 씨앗들이
야물게 똑똑하게
혹은 파란만장한 기억으로
무게를 더한다

누군들
송곳니 끝에 깨물어
뱉어 버리고 싶은
소중한 이름 한 자
겉봉투 주소 밑에 써 보지 않았을까

노란
꽃모가지를 빼어 들고
창아리 없이 헤픈 듯 사랑한다
사랑한다 발설하지 않았을까

두방리 숲속

짝을 찾는 암수 황조, 꾀꼬리
가늘고 긴 열창을 꺾어
쑥대머리 귀신형용
한 토막을 내질러 부르지 않았을까

항상 나 혼자였지만
또 하나의 나를 남겨 두고
돌아가는 달밤

나의 검은 그림자들은
큰 소나무 처마 끝 멀리 높이
뎅그렁 뎅그렁
연두 풍경 한 소절 걸어 놓았네

이슬방울

내 속을 쉽게 들여다보지만
마음까지 내어 준 적 없지요
다문 입술 고요한 묵상으로 나를 지켰어요
이른 아침 발길에 채일 때에는
풀잎 끝에 매달려 한 목숨 살아남았지요

모시 적삼 한 벌 없어도
남루하지 않은, 마음이 가난한 자
그대 안에는
꽃 향기 한 접시 묻어 둘 외로움이 없을까요
고독으로 한 밤 지새울
붉은 심장 한 조각 남아 있지 않을까요

투명한 눈망울로 살아온 날들
질경이밭 어린 질경이 속잎을 뜯든지
연못가 고마리꽃 모가지를 휘어잡고서라도
한 번은 사랑하자 사랑하자
뜨거운 몸부림도 없는, 맨발의 청춘아

새들에게 사과문

자잘한 그리움들이
솔잎 푸른 빛무리로 모여들어
가슴 깊은 속삭임까지
아침 이슬방울로 주섬주섬 꿰어 놓는 나의 뜰

누군들 잡음 한 톨 뱉어낼 수 있을까마는

헌 구둣발, 범벅꿍이는 대책 없이 새집 밑에 이르렀느니

소나무 둥근 가지 사이로
저것이 새집이런 듯한데
빈 둥지일까 사다리를 타고 오르는 차
짹 짹 깜놀이다(깜짝 놀랄 일이다)
붉은 입 한 바가지가
순간, 낯박살을 주며 무렴을 끼얹는다

몰랐당게몰랐당게 미안혀 진짜로 잘못혔어

아, 사과헌당게

호박꽃 사랑 · 1

봄비 속에서 곱고 여린 호박순이
하늘을 향하여 민낯으로 너울거리네요

보이지 않는 벼랑 끝에 내몰린 것인가요

흰 꽃 피었다가 진
찔레꽃 가시덤불을 타고 올라 매달렸습니다

바람 불어 흔들릴 때마다
심령 깊이 찔려 오는 잔가시들의 아픔

영안을 깨우는 빗소리에
귀를 열어 더욱 푸르러지는 너
호박꽃송이를 피워 올려 높다랗게 환합니다

사랑은 어느 비탈 어느 바람에 매달려서도
세상을 밝히는 소중한 등불이 될 수 있다는 것

우리 집 호박꽃들이 노랗게 작렬하며
7월 태양을 젖히고 송이송이 벙글벙글 웃어쌓네요

호박꽃 사랑 · 2

감옥은 내 안 나의 믿음
둥글고 단단한 작은 씨 한 톨

묵상 중에 나에게로 돌아가
더욱 견고하게 빗장을 건
고독… 고독… 외로움의 검은 독방

나 흙에서 왔으니 흙으로 돌아가 꿈꾸리라
호박순 여린 입술 사이로 가장 아름다운 언어가 되리라
당신을 향하여 당신의 이름으로 소중한 꽃을 피우리라

세상 중에 빛이요
어둠 속에서 더욱 곱게 빛나는
호박꽃 몇 송이
거리 거리 당신의 마음

황금종을 높이 울려 봄 푸른 하늘에 닿으리라

가을 벤치에 앉고 싶다

가을 벤치에 앉아 보고 싶다

자태 고운 팽나무 잎사귀들도
홀로라는 눈물겨움으로
곱게 단풍 들어 서로에게 위로를 보내거니와
의미 없는 타인의 메시지 같은
가랑잎들의 소근거림이 피식피식 미소를 짓게 한다

당신은 벤치 옆에 홀로 선 잊혀지고 고목진 나무였을까

바람이 불 때마다 뒤척이며
버려진 그리움의 엽서를 꺼내어
가을 석양의 비스듬한 햇살 사이로
단풍잎 한 장씩을 만지작거리며
손바닥 열기로 붉게 옛 사랑을 띄워 보는 것이었을까

두방리 숲속 흰 페인트가 드문드문 벗겨진 가을 벤치에 앉아 보자

아침 숲 붉은 이미지

 숲에서는 아침마다 문이 열리고 있었다

 조무래기 단풍잎들이
 가느다란 힘줄을 일으켜
 갓 뜬 눈가상으로 눈시울 붉히며
 사력을 다하고 있었다

 세월의 나이테를 안으로 조여들면서 단단히 닫아버린 참나무 느티나무 팽나무들의 견고한 빗장을 향하여 쪼아대는 딱따구리의 숲속 공명을 뼈저리게 받아들이면서 나뭇잎들은 귓불이 붉어지고 있었다

 어린 옻나무 꽃다운 단풍잎들까지 피투성이가 되어 온몸을 던지는 눈물겨운 아침

 괴목으로 짠 빗장들이 풀리면서

 당신의 부릅뜬 눈 아침 햇빛 사이로 하늘문이 파랗게 열리고 있는 것이었다

나무대문 앞 무궁화꽃

  나의 등불은 가장 깊은 어둠 숲에서부터 한 발짝씩 풀벌레 울음소리 밟고 와 나의 뜰을 지킨다

  나의 꽃들은 잠 못 든 어린애 이갈이 새벽 통증 피 냄새를 물고 피어나기 시작한다

  당신 사랑은 외로운 십자가 푸른 가지 끝 흰 동정을 베어낸 홑저고리 한 조각 붉은 심장을 걸어 놓고 불태우느뇨

해바라기 꽃은 절망이다

보고 싶어 하자
그리워하자
서 있는 자, 살아남은 자들아
마음도 눈짓도 필요 없다

사람들이 무심코
지나쳐 가는 좁은 농로 길
절벅절벅 장화 신은 발걸음도
휘―돌아가는
여름 물소리도 죽여 놓고
이제 막 부화하여
깍, 깍 짖어대는
숲속 산새 소리도 귀멀자

흰 종이 까만 펜
끄적여 보는
너에 대한 잡다한 생각들
내 영혼의 막대한 틀을 부수고
꿈지럭거리는

색색이 고운 벌레들
내 고민도 내 고통도
물어뜯어 피 흘리며

해바라기 꽃은 명쾌한 절망이다

제주 돌담

너는
꽃비늘 휘두른
꽃담이 아니라
한 생을 불꽃같이 살다가
이제는 홀로 선
검은 돌담이니라

가슴이 숭숭 뚫려
지나쳐 가는 바람을 어찌하랴
햇빛도 달빛도
막아 서서
사랑을 보채어 보지만

울퉁불퉁 우람한
섬 사내
유채밭을 몰고 와
그물을 쳐 놓고
꽃망울이 터지도록
꽃각시를 안아 보지만

메울 수 없는
퉁소 피리 구멍으로 시린들
이 봄밤을 어찌하랴

비자림 천년 숲에 들어

  어느 하늘 어느 절벽 끝에서 굴러왔을까요

  저 이끼밭에 처박힌 암초록 돌멩이들 생무릎을 꺼내어 일어섰사오니

  산매화 꽃은 지고 햇잎사귀 사이로 설풋 붉은 당신의 눈짓을 놓치지 않겠습니다

  마음이 청결한 자의 새 생명 빗방울들의 맨발 자국을 따라가면 당신을 만날 것 같습니다

  어느덧 비자림 숲속 켜켜이 들어박힌 천년의 눈꺼풀을 벗겨내며

  통렬한 반짝임 눈부심 한 줄기 빛으로 내 마음 깊숙이 다가와 뜨겁습니다

산굼부리 억새밭에 와서

너는 거기 있음으로 나는 따끔거린다

왈칵 다가가 억새밭에
쓰러지는 자들의 푸른 비명
내 안에 스며
무언의 가시로 숨는다

하늘도 제껴 놓고
가슴까지 차오른 니 반짝거림
설렘 두근거림 소근거림
내 먼 청춘의 기억 철로 위에 녹슬어
산화하는 목숨들아

아름다운 것들은 잠 깨어
눈비비며 바람결에 흔들리거니
하얗게 쏟아지는 물결
흠 없는 숫양
백록담 골짜기를 내리달려
내 사랑의 문지방에 당도하리니

그 목숨을 바쳐 문설주와 인방에 양피를 바르리라

너는 내 앞에 서서 외롭지만
나 또한 니 가을 나그네
백의의 무리를 따라
제주 하늘 산굼부리 억새밭 사이로
싸그락 싸그락 하늘문을 열리라

나는 나의 껍데기라고

나는 나의 껍데기
라고 생각에 잠기면서

바람결에 스쳐
생머리 날리며 좋았고
숲속에 곱게 엮인
햇빛 타래 풀어헤치며
가느다란 숲길을
손깍지 끼고 걸었지만

가슴에 남아 맴도는 것은
헛발질로 허탕치며 돌아오는
긴 하루의 허기였네

그 옆에 가로누인 흰 꽃들의 봄날

사랑은 그렇게
꽃무데기로 무덤이 되지만
사랑은 사랑끼리 흰 나신을 껴안고

눈부시게 죽었구나

죽어도 좋았구나

하늘벽

담쟁이는 외로움에 지친
푸른 마음을 꺼내어 절벽에 붙는다

온몸 마디마디에서
슬프도록 여린 가지를 뻗어
죽은 듯이 납작 엎드린 채
제 가진 잎사귀 몇 잎을
바람결에서 놓치지 않으려고
서로 엉켜 붙어 마음속까지 움켜잡는다
짧은 목을 조금씩 꺼내어 내려다보면
까마득한 절망
새파랗게 질린 얼굴로 생을 향하여 다시 맞붙는다
오로지 가는 몸 어디서나
흰 손을 꺼내어 붙잡는 몸짓 하나로 나폴거린다

그러면서 가을이 되면
몇 잎 남겨 놓지 않고
속으로 간직했던 한 조각 붉은 마음을 거두어
하늘하늘 올라갔을 것이다

제 떨어지지 않으려고 발버둥쳤던
푸른 절벽, 푸른 절망이
하늘로 올라가는 하늘벽이었다는 것을 몰랐을 것이다

옷은 내가 입어야 날개가 된다

내 하루의 남루를 빨아 널 때
나에게 대하여 안쓰럽고 허전하고 평안하다

겉옷이든 속옷이든
탈탈 털어 허공 중에 내어 걸며
내 생의 한 조각을 던져 본다

세탁기에 휘둘러 한참을 쥐어짜 저렇게 내걸었지만
팔다리는 늘어져 축 처졌다

지상의 고통으로 생이 무거울지라도

옷은 내가 입으면 날개가 된다

나에게 주어진 두렵고 고달픈 시간들이
 소중한 날개의 깃털이 되어 따뜻한 하루를 펼치게 된다

겨울 십자가 제4부

불꽃

불은 꽃이 아닌 것이 없다

꽃은 불이 아닌 것이 없다

그 목숨의 끝을 알기에

불은 꽃이 되어 사랑을 잉태하는 것이다

꽃은 불이 되어 그리움을 불태우는 것이다

얼음 폭포

거기 섰거라

상심한 청춘

오동도 절벽
동백꽃들아
선운사 석양 비탈에 몰린
붉은 바람아

고통 속에
고독, 고독 속에
고행, 고행 속에
빛 되신 아침

버릴 것도 없는
나눌 것도 없는

무한시공
눈부시게 얼어붙은

나의 기도
한 떨기 불꽃

하늘 장미

내 하나
바칠 것은
붉은 목
피 흘림의 향기

청춘보다
사랑보다
내 안 깊이 주신
뼈아픈 가시

저희 찔림은
빈 가지
외로운 생을
한 울타리로 틀어 묶는
넝쿨장미
고운 확신일지라

내 바칠 것은
몸이 마음을 안아

마음이 몸을 안아
한아름 붉고 붉은
하늘 장미

가시무덤꽃

스스로 널판이 되고
스스로 못을 쳐
견고한 관 속에 누운 자여

이제 빛 가운데 섰구나

차가운 눈빛으로 닫혀 있던
두껍고 단단한 잎사귀들
푸른 푸른 문이 되어
절망의 무덤이 활짝 열렸구나

가시들과 여린 몸을 뒤섞어
꽃이 피었구나 향기가 되는구나

잎사귀 끝마다
뼈아픈 찔림을 보듬고도
어느 한 곳 상처 자국도 기억하지 않고
오지 맑은 눈물로 씻어
오직 맑은 향기만 띄우는구나

호랑가시나무꽃
가시무덤꽃

붉은 촛불

한 생의 끝에서
한 생을 일으켜 세우려는
직립의 몸짓이
저토록 아름다운 흔들림인데

천년을 벼린 섬섬옥수
한 송이 빛으로 타올라
세상 어둠 짙푸른 잎사귀를 받드는구나

몸도 마음도
붉은 형틀에 지어 붓어
마디마디 아프게 깎인 목숨

제 몸 안에서 제 생명의 실뿌리를 내려
절망의 땅 끝, 가장 낮은 곳에 이르러서야
눈물 한 방울까지
뜨겁게 불태운 영혼아

피 흘리고 피 흘려

흰 무릎 홀로 세운 십자가
제 생의 흔들림을 위하여
기도하고 기도할찌어다

탈속

 딱딱하고 거칠게 굳어진 매화 등걸 속에서 홀로 된 내 마음 흰 동정 같은 그리움을 꺼내어 나뭇가지 위에 띄운다

 황사 바람에 흔들릴수록 편안함으로 가벼워진다

 생은 고목孤木의 뿌리 끝에서부터 이르른 순전한 향기 이름 없는 새들의 고운 부리에 쪼아 먹여 날려 보내고 남은 사랑 흰 꽃잎 한 장이여

 어느 봄빛에 뉘어도 하늘 끝 푸른 영혼에 닿는다

 뉘엿뉘엿 발가락 한 톨 손가락 한 가지까지 탈속하여

오동꽃 오동 보라

제 마음을 밝힌다

제 마음이 환하다

초록 그리움으로
쪽대를 떠 봄볕에 말린
내 마음을 들어 꽃등을 접는다

불 밝혀 빈 마음
불 밝혀 가득한 사랑

너 또한
내 마음 곁에 와서
효자동교회
십자가 위에 높이 걸린다

새들의
아침 지저귐보다
가볍게, 환한 마음에서 가지친
오동꽃 오동 보라

등꽃 보라 편지

흔―들―흔―들― 아름다운 평화
가느다란 줄기 끝에 매달려 편한 잠

거칠고 딱딱하고 꼬불꼬불한 지상의 오름을 지나

거꾸로 매달림을 당한 자 베드로의 등꽃 보라 편지를 읽는다

발씻음을 입은 자의 발가락 끝엔 자유
고독을 깨뜨린 부리들의 갓붉은 눈

못 자국에 임한 햇빛들의 궁휼한 외침엔 아침 이슬에 맺힌 영롱한 예언의 향기

세마포에 곱게 싸인 보랏빛 절망엔 당신 사랑으로 조각한 잔잔하고 환한 미소

화장花葬

 4월 낙화…환·한·혼·돈·의·발·자·취·를 화장花葬하지 않았으면

 저 가느다란 나뭇가지 끝에 가서 발 디딜 수 있으랴

 빛 된 자의 칼날로 깎아 띄운 발뒤꿈치들이 단감나무에서 은행나무로 첨―벙―첨―벙― 뛰어다닐 수 있으랴

 너에게 남은 것은 몸도 마음도 입힐 수 없는 화평의 옥빛 눈물 마음이 가난한 자의 푸른 눈썹 끝에 맺히지 않았으면

 흰 쌀이 흰 살을 씻어 한 생의 아침을 고요히 열 수 있으랴

바늘귀

벗을 대로 벗어 버린
가벼워질 대로 가벼워진
작은 몸에도
구멍 하나 뚫려 마음이 살고 있구나
항상 텅 비어 쓸쓸한 듯한
어느 한 군데 모자란 듯한
나사 하나 빠져 헛돌아가는 듯한
그 안에서 들리는 소리를 듣는 귀 하나
그 안을 환히 들여다보는 눈 하나
에 실을 꿰어
바람 속에 떠도는 천 조각 같은
너와 나의 관계를 꿰맨다
너와 나의 마음을 관통하여
………………………………
봄 들판 뻥 뚫린 밝음으로 삶의 그물코를 깁는다

이방인
― 카페 이방인, 철거된 집터에서

내 사소한 나날의 십자가
밤마다 붉은 이름 아래
몇 송이의 목숨을 매달고 피 흘리더니
어느 날 문득 생을 허물어 형장의 먼지로 사라졌구나

바닥에 깔려 남은 것은
부서져 내린 벽돌 조각들
하나의 견고한 벽이
형체도 알아볼 수 없도록 박살난 채
알몸으로 던져진 이방인들아!
니 몸 부서지고 깨어져서야
흰 벽 속에 갇혔던
내 고독의 쓸쓸한 명상이
옛 고향 호밀 풋대죽 국물 같은
먼지 속에 떠 흐른다

오늘도 거리마다 저 높은 십자가에 네 붉은 목을 걸었느냐

창백한 불빛들아!

아름다운 이방인들아!

목이 긴 귀가 큰 눈이 깊은

겨울 숲은 빈 항아리

목이 긴

귀가 큰

눈이 깊은

낡고 금 간 옹기 항아리 철사로 테 매어 가득 채웠던 누런 서숙, 붉은 수수알, 쓰러진 나락 부스러진 싸래기를 비워낸 가난한 마음으로 쓸쓸히 하늘을 향하였다

어느 날 숲바람 소리 속에서 부드러운 음성이 들리기 시작하였다

눈을 뜰 수 없을 만치의 빛무리가 출렁였다

무릎을 꿇었다 팔을 벌렸다 빈 가슴 깊이 뜨거움

이 차올랐다

  상수리나무 맹감나무 붉은 옻나무 오리목 산목련 때죽나무 층층나무 참빗살나무 수많은 수종의 방언이 터져 얼었던 시냇물의 얼음장을 뚫고 생 한가운데를 질러 흐르기 시작하였다

  껍질이 벗겨져 핏빛이 돋친 손가락 사이엔 어느덧 푸른 천국 보석이 쥐어져 빛나고 있었다

고드름

저 차가운 얼음 속에는 뜨거운 마음의 받아들임이 있었습니다

지난가을 황금빛 햇짚으로 짠 날개를 얹은 초가지붕이면 더욱 좋아요

겨울 햇빛의 사랑 고백은 천년 깊이 떠돌다 누운 자의 눈송이마다 늑골 깊이 스며들어 스스로 녹아 흐르는 물이 되지 않았던가요

사랑은 속삭임이 아니라도 좋아요

침묵의 행로… 그 가운데로만 흘러, 가고 싶은 세월 다 가고 홀로 된 자의 눈물로는 씻을 수 없는 삶의 끝에 매달려서야 투명함이 되었습니다

사랑은 몸도 아닙니다 매달린 마음은 더욱 아닙니다

또 한 번 부서지는 절망 내 그리움의 형상대로 지음 받은 내 일상의 그릇을 깨트리는 환희

겨울 십자가

겨울이 되어서야 나무들은 손을 내민다

마른 잎 다 떨구고 제 몸속 깊은 데서부터 가늘고 여린 손을 뻗는다

나뭇가지들은 찬 바람 속에서 하나의 소리를 다듬기 시작한다

꽃향기, 낯 붉힌 열매 맺힘도 부질없는 절규!

내가 가진 것을 버리기에 그토록 고통스러웠던 삶의 그루터기에 앉아 팔을 괸다

고목이 다 된 사과밭 능선 멀리 첫눈을 맞는다

아직 한 번도 닿아 보지 않은 세상에 편지를 쓴다

겨울이 되어서야 우리들은 손톱 밑으로 그리움이 시린 연인이 된다

고요한 떨림으로 다가가 서로의 튼 손을 잡는다

손 끝에서 손 끝으로 파고드는 니 가슴속 니 기도 소리를 듣는다

헐벗은 자, 헐벗은 자를 위하여 애통하는 자, 애통하는 자를 위하여 사랑에 목마른 자, 사랑에 목마른 자를 위하여

우리들은 한 그루 쓸쓸한 겨울 십자가가 된다

당신의 꽃대궐

한 생을 아름답게 허물 수 있을까
제 살던 집, 제 들던 목소리
한데 틀어 묶어 다포 단청 쌓던 사랑
물가 햇빛에 벗은 몸을 흰 꽃잎으로 던질 수 있을까

결빙된 그리움이 한꺼번에 부서지던
흰 눈발의 아우성, 밤새 무릎이 닳도록 통성 기도 하지 않았던들
배냇적삼 홑향기 한 겹 입혀 꽃피지 못하였으리

본향을 향하여 너를 부르는
붉은 메아리 피 묻은 손으로
못 박고 못 박은 당신의 꽃대궐인데

뒤에서 보면 조금씩 무너지는 니 어깨 위로 낡은 빛깔이 투명하여 삐걱삐걱 눈물 고운 생의 툇마루 끝 저 낙화의 꽃잎 하나에 몸 가득 마음 가득 띄워 보내는구나

연통 난롯불

제5부

먼지

제 몸 보이지 않는 곳에 날개가 있다는 것을 모른다

하늘 높이 솟아오를 수 있다는 꿈보다
어느 곳에라도 소리 없이 안착할 수 있는
하강의 날개가 있다는 것을 모르고
수직 상승으로 날아오르려다 부서지며 절망을 거듭한다

가장 깊은 절망을 안고
가장 편히 잠들 수 있게 하는 손은
제 몸 안에 있다는 것을 모르고
바깥을 향하여 뽀얗게 소리치다가 쓰러지고 만다

자신의 슬픔이 얼마나 아름다운 소망이 되는지를 모른다

하늘 별빛 잡히지 않는 헛됨을 버리고
스스로 옥토에 떨어져 제 한 몸 땅에 묻으면
지상 가득 꽃으로 피어나는 것을

우리 삶으로 돌아와 향기를 덧입힌다는 것을 모
른다

바늘

키 큰 아파트 그림자 사이로
조금 남은 햇빛에
단감들이 불현듯 눈부시다

온몸을 다하여 노릇노릇 익어 가고 있다

사랑이 깊어질수록 저마다의 껍데기가 곱고 투명해진다

세상에 대하여 떫은 마음도
제 몸 속에 가라앉히고
보이지 않는 곳에서 별빛 같은 손들이
삶의 빛깔을 찾아내고 있는 것이다

이따금 마음 깊이 찔리는 아픔을 이기며
소리 없이 금빛 날개옷을 꿰매고 있는 것이다

가시의 눈

나의 가시들이 눈을 뜬다

가장 작은 눈으로 가장 깊은 아픔을 깨운다

삶의 어둠 속에서
스스로 굳어져 단단한
자신의 껍데기
거친 줄기마다 뾰족뾰족 벗어나
별빛 파릇 디디고 서서
내 영혼 한 그릇 담아 꽃 피울
향기로운 아침을 향한
성스러운 칼 끝엔 뚝, 뚝 핏방울이 맺힌다

내 생의
몇 겹 소용돌이를 묶어
붉은 관을 짠다

몸도 마음도 죄의 무게도 없이
층층이 가라앉아 눕는

장미꽃 한 송이 묵상의 방

칠흑의 어둠 속에서
가장 작은 눈들이 가장 밝은 문을 연다

화암사 빗방울

뚝, 뚝 나를 버리는 것일까

눈을 감는다 세상 깊이 눈을 뜬다

잎사귀들의 푸른 옷을 벗고
투명한 어조로
대롱대롱 매달린 복음의 말씀들!

그 안에 생명이 있었으니
내 마음 골짜기 산빛을 깨친다

삶의 그루터기마다
초록 이끼를 털며
일어서 걷는 나무 십자가 목발들!

뉘우쳐 부서지는
폭포 속으로
붉은 꽃봉오리 붉은 핏방울 쏟아 버리고
푸른 수의 속옷까지 통째로 벗어 놓고

비 뿌리는 우화루
이승 하늘 끝에 대롱대롱 맨발로 서서
내 영혼의 맑은 눈을 뜬다

유배

나의 꽃들이 유배를 간다

둥, 둥 태양 위에 누워
제 그늘을 떠나가는 붉은 길

천 년 돌보다 굳은 의지로
층층이 꽃탑을 쌓았지

이팝나무 때죽나무 층층나무
흰 손들이 흰 나신 한 떨기 깎아 피운 내 사랑!

참으로 사랑보다 아름다운 것은
너를 사랑한 죄의 무게였다는 것을

꽃탑 속에서 꽃 피우지 못한 채
고를 풀 듯이 어허노— 어허노— 유배를 간다

세상은 어린 잎사귀들의
가는 손을 흔들며

제 푸른 삶으로 돌아가고

터벅터벅 나의 낙타는
굴건제복 누런 모래바람을 일으키며
바늘 구멍 속으로 걸어간다

먼 하늘을 향하여 꿈—꾸듯이…

겨울 오두막

함박눈 하얗게 쌓여
무욕의 빛으로 엎드린
겨울 오두막
내 가슴 깊이
보검 한 자루 벼린다
새봄을 기다려
굳은 등걸 베어내고
청춘의 맹세를 새기듯이
붉고 고운 꽃을 피우기 위해서는
적멸의 꿈속
지혜의 샘에 닿아야 한다
뽀드득 뽀드득 밟히는
저마다의 뼈를 벗고
벌거벗은 물이 되어
겉도 속도 투명하게
지으심을 받은 고드름
뜨겁고 냉철한 눈빛으로
결빙된 명검을 얻기 위해서는
겨울 오두막 처마 끝

내 생의 가장 춥고 미끄러운
까마득한 절망 앞에 이르러야 한다

이감 移監

겨울 미나리
초록 모가지까지 차올랐던
호동 설경의 신비로움 때문이었을까
눈 녹고 질척이는
쑥고개 길바닥이 불안하다
내 계절의 비경 속에
저항력을 잃고 결박당한 채
행복했던 완전무결한 자유
가로수 밑에선
최후의 진술처럼
바스락거리며 얼음이 부서진다
어데로 가는 것일까
빈 나뭇가지마다
흰 포승줄로 얼어붙은
겨울 서정의 힘에서 벗어나
내 여로의 또 다른 감옥으로 이송되는 것이냐
곱다면 고운 내 생의 태

교동 눈보라

리베라 호텔 커피숍
비엔나 커피 향기 바깥으로 눈보라 친다
사랑도 절망도 한 목소리로
죽은 입들은 죽은 귀들을 외쳐 부르며
상형문자처럼 지붕 위에 쌓인다

그리움은 흰 무명옷을 불살라 혼백을 부른다

귀신형용…귀곡성으로
교동 기와집 추녀 끝에 울다가
푸드덕 날개깃을 터뜨린다

이미 내 안에 기름 부어 불타던 너를
촛불 불어 꺼 버리고
아침 까치 떼 하얗게 바쳐 산제사 지낸 후
눈밭 위에 훨훨 누워 흩날리는데

삶과 삶의 투명한 유리 바깥으로
산 자는 죽음을 남기고

죽어서는 돌아와 세상을 밝히는
……백……색……허……무……

연통 난롯불

  몸이건 마음이건 토막토막 생나뭇가지 부러뜨려
  뜨거움 속에 던진다 뜨거움을 던져 뜨거움을 불태운다

  저만큼 기름 부음을 받은 아픔들!

  빛 속엔 활활 아름답지 않은 사랑의 흔적들은 없다

  참나무 장작들의 소리 없는 뒤척임을
눈물겹게 화장火葬하여
푸른 죄사함의 온유로 삶을 밟는 불꽃들의 춤…!

흑장미

삶의 잎 사이로 그리움이 흐른다

허무도 권태도 파랗게 녹슬어
가슴 출렁이는 외줄기
너는 거기 서서 나폴나폴 손짓한다

가시밭길을 따라간다
피를 흘린다 가시에 찔린다
사랑보다 향기로운 죄의 붉은 핏방울이 뚝, 뚝 곱다
니 하늘을 짊어지고 일어선다

회색빛 침묵보다 무거운 십자가가 어디 있으랴

가장 낮은 생의 하구河口
흔들리는 갈대
내 심령의 검은 갯벌에 내린다

붉은 노을빛을 찢어 끼륵끼륵 등댓불을 꽃피운다

소금

너는 니 마음의 모서리로 나에게 온다

먼 등대 불빛 속 생명 있는 것들이 치열하게 깜박이던 고독의 냄새가 난다

너의 흰 손은 요한 복음 아침 햇빛의 향긋한 예언을 빨아 넌다

제 생을 담아 한 포대씩 꿰맨 실밥을 뜯어 흰 목숨을 털어 놓는다

스스로를 부인한 자의 편한 잠 적극적 체념, 눈부신 환희

묵상 깊이 햇빛의 지혜로운 칼끝으로 뼈 한 송이 드러내어 흰 무릎을 꿇는다

흰 접시꽃

이제 내 옷을 벗는다

망자亡者의 흰 옷 한 벌을 벗어 지붕 위에 던진다

전화 걸고 싶은 마음
편지 부치던 빨간 우체통 덜컹! 소리를
길모퉁이에 죽여 놓고
너에게서 한참 후에 돌아서는
쓸쓸한 햇빛 침묵의 깊이를
훌훌 벗어 발모가지 붉은 흰 새 한 마리 날린다

나의 하늘은
칠월칠석 초생달의 여윈 팔꿈치로,
제사 돌아오는 할머니의 옥양목 적삼보다 슬프게
그리움 한 벌을 벗는다
하늘 하늘 흰 구름 위로 던진다

번제

산나리꽃들이 몇 포기 모여 섰다

먼 하늘을 향하여 땀을 닦는다

저마다 제 몸을 짊어지고 불끈 일어선다

붉은 죄 한 짐이 숲길에 한들―거린다

골짜기 낮은 물소리 따라가선 안 된다

불볕에 니 마음 구석구석을 태워야 하리

붉은 산나리꽃이 붉은 산나리꽃을 꺾어

순결한 육신을 바치기 위하여

먼 산이 먼 산을 짊어지고 제단을 쌓는다

목숨 하나

발뒤꿈치에 피가 흐르다가 멈췄다

높은 곳의 창문을 열다가
높이 오르기 위하여 발 밑으로 힘을 쏟다가
숨이 탁 멈추는 아픔을 밟았다

무심결에 털어낸 유리 조각 끝에서 피가 솟는다

약을 바르고
뒷산 산딸기처럼 엉긴 핏덩어리를 바라보며
버려진 목숨 하나를 사로잡는다

박살난 내 삶의 작은 조각 하나가
사색의 칼 끝으로 잉태되어 빨갛게 꽃망울을 터뜨린다

목숨을 빠져나와 목숨 하나 반짝인다

붉은 죄 한 방울 뽀올뽈 세상 밖으로 기어간다

어딘들 눕지 못하랴

 꽃들아, 우리 이 세상 어딘들 눕지 못하랴
 비가 오고 바람 부는 네온의 붉은 거리
 누구의 발길을 따라가 흩날리지 못하랴
 나의 이름도 너의 사랑도 한꺼번에 찢어서
 눈물에 뒤발하여 나뭇가지 끝에 걸어 놓고
 산벚꽃 십자가 마구 흔들어 낙화하는 아픔이면 어쩌랴
 조팝꽃 허옇게 피고 지는, 피고 지는
 봄날의 허기진 정사에서 돌아와
 사지를 축 늘어뜨리는 가느다란 줄기들의 허무이고 싶다
 입술도 머리카락도 아야, 아야! 지쳐 버린
 니 영혼 위에 덮어 눕고 싶다
 이제 막 잎 돋기 시작하는 푸른 그리움에 떠내려가고 싶다

침을 뱉어라

침을 뱉는다 나를 뱉는다
내 몸이 입을 통하여 땅바닥에 쏟아진다

한갓 침이 되어 꽃잎처럼 흩날리고 있잖는가

그토록 세상을 향하여 불태우던
단풍잎새들의 한 조각 붉은 사랑도
뚝, 뚝 잎사귀를 떨어뜨렸구나

가난한 자들의 마른 마음이
찬바람 겨울 하늘 끝으로 돌아가
백설기 같은 첫눈 능선을 베고 누웠구나

그리움의 식욕으로
입 안에 고이기 시작하는 침을 뱉는다
치열하게 맞닥뜨리며
내 삶을 조석으로 씹어 제끼는
이빨 속까지 파내어서 내 깊은 죄를 뱉는다

올봄, 꽃들이 피겠지
서로에게 붉은 꽃잎을 세워
어른어른 이승을 떠나지 못하는
어느 육신이든 영혼이든
한 송이 남길 것도 없이 퉤, 퉤 뱉어 버려라

죄의 삯

꽃은 벽을 세운다

사방팔방으로
붉은 함성을 지르며
꽃잎을 세워
겹겹이 벽을 쌓는다

때가 되면 꽃은
스스로 벽을 허문다
스스로 칼이 되어 붉은 피 흘린다

사색의 처마 끝에
뚝, 뚝 매달렸다가
붉은 피 한 방울 남김없이
제 영혼을 끌고 가는
발자국 소리를 들어보아라

제 머문 자리
어김없이 돌아와

과육을 맺는
달디단 죄의 삯이여!

불빛에 누워

산 위에서 내려다보는
도시의 불빛은 아름답다
저마다의 육신에 심지를 돋워
죄의 등불을 밝힌다

죄는 죄끼리 익사하여
서로가 서로에게 몸부벼 반짝이며
삶의 암호를 컹,컹 짖어댄다

컹, 컹 밤이 깊어 가고
내 몸 속까지
우수의 깊이로 황홀하게 출렁이는
삶과 삶의 물결

너는 나의 불빛으로
나는 너의 불빛으로
풍―덩 죄에 목욕재계하고
더욱 아름답게 빛나는
죄의 씨 맺는 꽃등이 된다

우울한 가을빛 향기

제6부

우울한 가을빛 향기 · 1
―잃어버린 날들

 잃어버린 날들이 가을 숲 사잇길로 써걱써걱, 다들 돌아온다

 내가 띄운 편지지 안타까운 모서리들이 삶 속 깊이 구겨진 채로 노을 저 켠의 그리운 목청을 깨운다

 빨갛게 혹은 노오랗게 내 영혼을 찬찬히 썩어 들기 시작한다

 푸석푸석 밟히던 것들이
 저마다의 밟히는 슬기를 잉태한 채
 꿈틀하며, 사랑의
 색깔을 토해 놓던 낙엽들!

 이제는 망각의 검은 뻘을 지나와 내 잠깐, 잃어버릴 뻔한 아름다운 날들이 뿔긋뿔긋 단풍 들기 시작한다

 살갗 속에 아픈 심지를 꼬아 박아 불꽃을 피운다
우울한 가을빛 향기가 알싸하게 깔린다

우울한 가을빛 향기 · 2
―해바라기 꽃

너는 비 오는 날의 절망 속에서도 송이-송이 햇빛을 꺾어 온다

내게 드리워진 사색의 안개를 불태우고 생의 가시 속에 접어 두었던 통찰의 목을 길게 늘인다

갸웃갸웃, 비틀어진 모가지로 내 안에 들어온다

망각의 방 한쪽 그리움의 융모들을 헤집는 내시경 눈 딱 감고 꾸역꾸역 삼켰던 너를 왈칵 내뱉는다

사랑은 오래 참음으로 내 안에 꿈틀거리던 아픔이 노랗게 작열한다

우울한 가을빛 향기 · 3
―간염 예방 주사

 마지막 주삿바늘이 목숨 근처까지 와서 아프게 찔린다

 근육에 투입된 주사액이 며칠 후까지 머무를 아픔을 주물러 풀어야 한다

 아픔은 가시지 않고 자꾸 손 안에 꿈틀거린다 나의 아픔이 나에게 만져진다

 어느덧 내 살 속에 접힌 늬 붉은 단풍잎이 바스락―거린다

 잠 못 들던 빗방울들의 고백도 절규도 한꺼번에 물들어 사랑의 색깔로 깎이던 고통이 한동안 만져진다

 우수수 바람 부는 이별의 절망 앞에서 내 팔뚝을 걷고 예방 주사를 맞는다

먼 훗날 노릇노릇 불긋불긋 단풍 들어 오는 아픔이 예방될 수 있을까

내 몸 곳곳에 항체가 고여 그리움의 벌레가 스며들지 못할까

마지막으로, 가장 아픈 주사액을 내 영혼 깊이 투입하였다

하룻내 먼 훗날 다가올 아픔을 바스락-바스락 주물렀다

우울한 가을빛 향기 · 4
— 입동추야入冬秋夜

 사과 깎아 먹는 소리로 비에 젖기 시작하는 가을 숲을 지나갔다

 다리도 모가지도 길쑴한 북국 아이스 발레리나의 슬픈 눈빛에 잠겼다

 니 이별의 몸짓보다 먼저 날카로운 스케이트 칼날이 내 가슴을 지나간다

 우울한 가을빛 향기가 상처를 흔들어 옆자리에 눕는다

 숲에서부터 억새들의 허무가 따라와 백의의 춤으로 묶여 펄럭인다

 먼 눈빛으로
 삶의 육신을 벗어 놓고
 멈추어 선
 한 그루 십자가

이승 끝까지 미끄러지는 침묵

다시 한 번 아픔을 박차고 활주하는 이별의 절망이 내 묵상의 기도가 되기까지 너의 빙판은 얼어붙어야 한다

불면의 못에 걸어 둔 눈물도 고독도 툭, 툭 털어 냉철하게 결빙되어야 한다

생을 헐어
밑바닥을 채운
황홀한 고요
속죄의
땅을 차고 올라 비상하는
백조가 되기 위해서는

한결같이 단단한 투명 빙질 내리지르는 칼날에도 굴복하지 않는 철석같은 사랑의 맹세를 깔아야 한다

우울한 가을빛 향기 · 5
— 편편황조翩翩黃鳥

사랑은, 사랑보다 먼저 이별을 탐색한다

봄부터 후둑이며 붉은색 모자이크 인도 블록 위를 함께 걷는 소아마비 빗방울들이더니…

은행나무 가로수
겨드랑이 밑에 매달려
흔들, 흔들 흔들리는
흔들림의 지혜로
계절 끝을 빠져나와
팔랑! 부서지는 환희 속에서
몇 토막 깨어나는
황금박쥐 한 떨기 내 사랑아!

밤이 깊을수록 부스럭부스럭 날아가고 싶은 날갯죽지에서 날갯죽지를 꺼내어 관통로 붉은 불빛 위에 말린다

은행나무 십자가 가을 사랑 생가지 형틀을 부수

고 후두둑 날아간다

 한동안 이별의 언어들이 우—수—수— 소용돌이
친다

우울한 가을빛 향기·6
―첫눈, 허무

 니 침묵, 그 안타까운 고요를 빠져나와 내 우수의 거리를 눕는다

 빈 가로수 작은 흔들림까지 다가가 연민의 눈빛을 채워 넘치다가 이내, 내 가슴에 쌓인다

 사랑은 슬픈 유리 구두를 신고 온다 한 발은 벗어 놓고 한 발은 절룩이며 달아나 객사 옆 농아 부부 호떡집 앞을 서성인다

 온통 거리를 뒤덮는
 니 탁한 목소리의 나부낌 속에서
 우울한 가을빛 향기가
 이별의 빙점을 지나
 톰방톰방 떨어지는 상한 기억들!

 밟혀라 나를 두려워하지 말고, 나를 밟아라 차갑고 쓸쓸한 퇴근길

뭇 발자국들의 사색 깊숙이 밟힐수록 꿈지럭꿈지럭 살아나는 붉은 지렁이!

다시 밟아 죽이고 싶은 징그러운 그리움, 내 사랑아!

나의 거리엔, 에덴의 실꽃뱀 무수한 혀들이 잘려 붉은 눈발이 날린다

무사태평한 봄날 제7부

황포 돛배

참나무 조각들을 조각조각 짜맞추어 배를 짓는다
마지막, 물에 뜨기 위하여
틈새마다 쿵 쿵 끌날을 두들겨
빠짐없이 대팻밥 흰 속살을 멕인다
물속에 들어가면 나뭇조각 틈 사이로 물이 스며들지만
배를 가라앉히는 그 물에
대팻밥이 불어 틈 사이를 자꾸 메꾸어 준다
비로소 여러 참나무 조각들이
한 몸이 되어 완벽한 출렁임으로 황포 돛배 뜬다

우리를 아프게 하는 어느 칼날엔가 깎여
허공 중에 조각조각 떠도는 마음들
그 깎인 대팻밥 포르르 말린 그리움을 꺼내어
우리 틈새를 끌질하는 빗소리가 자꾸 창밖에 들린다

횡단보도

 내 생의 유골을 묶어 떠내려가는
 흰 뗏목, 횡단보도 난간 위에 섰다가
 푸드덕 고쳐 선다 가고 싶다 건너고 싶다
 ……………………………………………
 담벽을 타고 파랗게 기어오르는
 담쟁이 잎사귀들 데리고
 푸른 신호등 속에 풍덩… 뛰어들자

 오리다리 연방죽 진흙밭 썩어 내린 세월 속에
 멱감다 빠져 죽은 친구들 넋이나 한 다발 묶어 건지자
 제방 둑에 한들한들 흰 망초꽃 노란 달맞이꽃 섞어 뿌리자

 하ー늬ー하ー늬ー 바람 불게

못

우리 어린 시절 흙벽엔
때묻은 헌 옷
눈물 아롱아롱 연기 속으로
숯불 다림질한 새 옷들이
씨옥수수처럼 줄줄이 섞여 걸린 채
문 열고 닫을 때마다
삶의 미동으로 펄럭였지

이제 내 마음의 방은
흑백의 방 안 풍경을 고이 담아 둔
몇 포기 사진곽 속을 걸어 나와
살아온 날 매디매디에 빨갛게 녹슨
고운 못을 박아 꽃피면
뚝, 뚝 꽃모가지를 걸어 놓는다

그리움을 탕, 탕 망치질하여
뾰족뾰족 솟구친
삶의 가시울타리 십자가엔
아직도 우리 빨아 말리지 못한
사랑의 죄 한 벌 펄럭펄럭 나부낀다

인후동 불빛

꽃잎보다 슬프게 내 한 철
떠도는 그리움들이
저렇게 불빛 깜박깜박 피어날까
고추 모종 상추 모종 파랗게 돋아나듯이
노란 가로등 붉은 네온불
온통 살을 섞어 숨 가쁘게 반짝일까
아버지 서자리 사시며 상쇠 노릇 할 때
째앵… 재앵… 꽹과리 소리
만당 넘어 조름지기 산두밭까지
굽이굽이 황금 물결치던 소용돌이로
거리거리 쏟아져, 우리 삶을 목청껏
한바탕 굿판을 벌이다가
한 패는 살며시 빠져나와
기린봉 북쪽 능선을 올라가는 걸까
아파트 지으려고 아중리 근방 도끼날에 찍어낸
복숭아밭 복숭아나무 아기 영혼을
펄럭펄럭 부르러 가는 걸까

어머니의 능선

일어나고
누울 때마다
아득하게
뼈마디가 부서지는
굽은 허리

생과 사를
하늘과 땅을
한 땀 한 땀 꿰매는
거친 숨소리

저 들판
삶의 무게를 끌고 와
봄 쌀밥 한 그릇의 높이로
허옇게 찔레꽃 피는
무한 휴식

푸르르 푸르르
날갯죽지 부딪혀

날아오르는
푸른 새 한 마리
하늘에 닿는
옥색 능선

헌 의자

의자 몇 개 산책 나와
팔각정 마루 위에 앉아 있다

턱을 괴고 다리를 꼬고 먼 산을 바라본다

옛 향수 아카시아꽃을 씹어 먹는다

젊은 아버지 며칠 자란 턱수염을 쓰다듬듯
탐스런 꽃숭어리를 어루만진다

뽀얗게 일어나는 꽃향기 흰 거품 속에
세상 온갖 때 같은 그리움을 쪼아
삐걱삐걱 헌 얘기를 한다

누가 누구에게 말을 걸지는 않는다

다만 편하게 흔들리는 목소리로
먼 산 옥색 고요를 불러 서로에게 기대어 고쳐 앉는다

물자새

  금산사 쪽으로
  작은 카페 초가 마당
  황토벽에 기대어 선 옛 물자새
  삐걱삐걱 발판을 구르고 싶다

  내 유년의 늦봄 천수답 하늘 눈물을 퍼 올리면서

  남산 너머 쑥국새 혼인색 꽃울음도 함께 퍼 올릴 수 있을까

  봄 논 독새기 풀 아래 올챙이 꼬리들도 잘려 정문통 배롱나무 숲 환한 자주 꽃비 속으로 들려 올라갈 수 있을까

  빛 바랜 군복 바지 상머슴 물자새 노랫가락은 황혼 눈물에 고였다가 어느 하늘 골짜기에 고향 산천을 묻었을까

  별빛도 궁휼히 칼잠을 깨워

흰 모가지를 씻기는
봄 새벽 푸르고 푸른 하늘 속된 깨우침이여

무사태평한 봄날

모심기 위해 보리태친[1] 논두렁 가득히

하늘이 내려와 그윽한 그리움으로 채워 놓고 하더니

산봉우리가 잠겨 우뚝우뚝 팔근육 종아리 근육을 힘주어 보고 하더니

뻐꾸기 울음 한나절 육자배기 가락으로 온 들판 출렁이고 하더니

오늘은 고향도 잃고 다리 힘도 빠져 버린
아버지의 젊은 날이 내내 비춰 보이는 것이었네

---

1) 모내기 논, 논두렁을 물이 새어 나가지 않게 논흙을 맨발로 다지는 일

나락을 세운다

 쓰러진 나락은 쓰러진 나락끼리 묶어 세운다
 성한 놈은 성한 놈끼리 출렁이게 놓아 두고
 가을 문턱 느닷없는 비바람에
 쓰러진 포기들을 추스려 서로서로 기대어 묶으면
 저마다 한 포기씩 튼튼한 다리가 되어 일어선다
 아버지는 어머니에게 말씀하신다
 내일모레까지만 날이 좋으면 윗논배미까지 모두 묶어 허리를 펼 수 있다
 쓰러져 포개어진 그늘 깊이
 아직 푸른 이삭을 꺼내어 통풍을 시켜야 한다
 얼마 남지 않은 따가운 햇볕에
 몸도 마음도 황금빛으로 영글어야 한다
 저수지 아래 낮게 흐르는 냇가랑 물도
 물속에 몸을 섞는 분홍빛 고마리꽃도 함께 고개를 끄덕인다
 어쩌면 인생이 저물도록 살아오시며
 수없이 쓰러지신 당신 삶의 그림자들을 일으켜 세우는지 모른다
 쓰러진 마음의 포기들을 모아

젖은 이슬을 털어내며 야단도 치고

한데 묶어 어루만지기도 하며 하루 해를 보내는지 모른다

이제는 뉘엿뉘엿 맑게 정제된 송광 마을 가을 햇볕으로 짠 소망의 그물을 던진다

젊은 날 실패의 질곡 속으로 파랗게 처박힌 청춘의 꿈을 꺼내어 따갑게 볕을 쬔다

백미

쭉정이는 버리워
가을 들불에 태우고
바람에 대하여 햇빛에 대하여
황금빛 알몸으로 맞붙는
나락들의 숨소리

뜨거웠던 지난 계절
붉은 손들의 맑은 외침
고운 뼈들의 깊숙한 부딪힘으로도
그 뜻을 다하지 못하고
고개 숙인 겸허한 성찰

제 마음 한 조각까지
투명하게 쪼개어 말라가는
저 누런 영혼 속에는
열리지 않은 향기가 있다
아직도 닫히지 않은 그리움이 있다

세상을 향하여 내 몸을 내놓아라

짚 가마니 생을 풀어
맵저[1] 껍데기는 버리고
깎이고 깎이는 백미가 되어라
흰 속마음에 이르기까지

---

1) 벼 껍데기 왕겨를 이르는 정읍 지역 농촌의 향토 언어

게 껍데기

　자운영, 타래난이 불그레 꽃 피는 논두렁 개흙 냄새 속에서 게 껍데기를 본 적 있다

　참게 한 마리를 잡았나 싶어 들여다보면 홀연 몸도 마음도 버린 채 비어 있다

　큰 집게입과 다리들이 마디마다 힘을 모아 구부리고 있지만 다리 속에서도 다리들이 빠져나가고 없다

　(사랑은 텅 빈 공허, 버림 받아 기꺼이 누릴 수 있는 허무의 자유로운 바람 위에 누워 보았는지)

　제 삶의 딱딱한 껍데기를 부수고
　자운영, 타래난 불그레 꽃 피워
　한 줌 그리움의 부스러기만 남긴 채

　산 자는 다시 벼꽃 같은 흰 거품을 물고 떠났네

가을, 장미꽃 피다

붉거니 희거니
가을, 장미꽃 피다

내 작은 연못 언저리
온유하고 청결한 마음으로
들여다보면
달 뜨듯이 휘영청 밝아 오는 밤 고샅
국화 향기 차운 그늘 아래
눈시린 유년
흙담을 돌고 돌아 다가오는 너

때로는 아버지
짐자전차 바퀴살을 밝히는
어머니의 외로운 지등
갇힌 듯 피어나
단감 익어 가는 마을길로 붉었었지

망각 속에서
길 찾기, 어두움을 뚫고

가늘고 기일고 속 좁은 핏줄기
돌고 돌아 굽이치며
한 숨통 몰아쉬는 목숨
한 떨기 너였구나

이마엔 땀방울, 맑은 이슬 받아 흰 손 씻어라

모든 마음들은 평안하고 흐뭇할까

오랜만에 만난
중년의 낯빛들이
띄엄띄엄 한마디씩 건네는
눈발들의 향기 속으로
징검다리 건너
깊어지는 겨울 숲
산은 무심결에 재채기를 하듯
푸드득 산꿩들이 날아가고
상수리나무 가랑잎들도 까르르 떤다
모든 마음들은 평안하고 흐뭇할까
한 무리 소나무들은
이 산을 짊어지고
저 산으로 옮겨 간다
탯줄 같은 가늘고 고불고불한 시냇물도
끊이지 않고 생을 따라 하산한다
눈송이를 헤쳐
온몸으로 날개깃을 터는
새끼 새인가 했더니 참빗살나무다
어느덧 하늘은

껍데기만 남은
우리들의 노부모처럼
낡고 헐벗고 작은
절집을 품에 안고
어디 아픈가 골 깊은 이마를 짚어 보며
휜 허리를 뒤채는 대숲 편에 섰다

삽살개 두리의 산고産苦 앞에서

…잠시 잠깐, 산실에 들었을까

고요하라 세상 세태 잡음을 끊자
키 큰 상수리나무 빈 나뭇가지들도
눈 속에 머리를 처박고
수사슴 가지 돋힌 생관인 양 얼어붙었구나

숨소리에 숨소리를 몰아넣고
흰 눈이 가득 내려 평온한
별유천지 이 백의의 고요를 위해
서자리 우리 유년의 동심은
서당께 깻대들을 얼마나 불태웠던가

언 주먹으로 돌아오는 칠흑의 섣달 밤
먼 하늘 무심히 반짝이던 별들의 깊은 눈빛 속에서
이렇게도 향긋한 소복눈을 분만하기 위한
 산고의 허 깨무는 소리를 알아채지 못했던 바보들아

나무대문 앞 가로등 밝음 아래
　애통하는 자의 눈발이 곱게도 날리는 것을 어찌
하랴

　꽃도 잎도 없는 나목 백목련 나뭇가지를 스쳐
　산실 쪽을 향하여 몰려가는
　옛날 그 별들의 거친 숨소리를
　우리들은 이 밤도 듣지 못하는 것일까

겨울
십자가

발행 l 2020년 12월 24일
지은이 l 장 욱
펴낸이 l 김명덕
펴낸곳 l 도서출판 한강
홈페이지 l www.mhspace.co.kr
등록 l 1988년 1월 15일(제8-39호)
주소 l 서울시 종로구 우정국로 40-1, 4층(견지동)
전화 02-735-4257, 734-4283 팩스 02-739-4285

값 11,000원

ISBN 978-89-5794-459-2 04810
     978-89-88440-00-1 (세트)

※저자와의 협약에 의해 인지는 생략합니다.
※잘못된 책은 바꾸어 드립니다.